가계관리·공직자 재산신고의 길잡이!

# 복식부기 가계부 작성 가이드
## Double Entry Home Book Keeping

공인회계사_ **조 태 형**

Since 1988
㈜ 대양컴퓨터정보
www.dysoft.co.kr

# 목 차

1. 서문 ·················································································· 5

2. 가계부 ············································································· 11
   (1) 가계부 관리의 필요성 ············································· 13
   (2) 가계부의 종류 ························································ 13

3. 단식부기와 복식부기 ····················································· 15
   (1) 부기의 정의와 종류 ················································ 17
   (2) 단식부기와 복식부기의 작성방법 ···························· 17
   (3) 단식부기와 복식부기의 차이점 ······························· 18

4. 복식부기로 가계부를 관리해야 하는 이유 ···················· 21
   (1) 복식부기가계부관리가 가정에 미치는 영향 ············ 23
      1) 소비의사결정에 도움 ·········································· 23
      2) 투자의사결정에 도움 ·········································· 23
      3) 재산의 투명화로 가족간 신뢰 구축 ··················· 24

(2) 왜 공직자는 재산신고를 복식부기 방법으로 해야 하는가? ……… 25
   1) 복식부기 회계제도의 사회적 견제 기능 ……………………………… 25
   2) 자산증가를 합리적으로 설명하는 방법 ……………………………… 26
(3) 복식부기가계부를 토대로 한 종합소득세 신고 ………………………… 28

5. 쉽고 간단하게 복식부기 이해하기 ……………………………………… 29
  (1) 복식부기제도의 역사 …………………………………………………… 32
  (2) 회계용어의 명확한 인식 ………………………………………………… 32
  (3) 계정과목 ………………………………………………………………… 35
  (4) 총계정원장으로서 현금계정과 현금출납장 …………………………… 36
  (5) 차변(借邊)과 대변(貸邊) ………………………………………………… 37
  (6) 분개(分介)와 분개법칙 …………………………………………………… 37
  (7) 분개자동화 ……………………………………………………………… 39
  (8) 결산과정 ………………………………………………………………… 40

6. 복식부기 재무제표 읽기 ………………………………………………… 47
  (1) 재무상태표와 손익계산서 ……………………………………………… 49
  (2) 재무상태표와 손익계산서의 보고서 형식 ……………………………… 50
  (3) 재무상태표와 손익계산서의 관계 ……………………………………… 52

7. 복식부기 전문지식 없이도 복식부기 가계부를 관리할 수 있다 ……… 53

8. 가계결산 ……………………………………………………………… 59

　　(1) 가계결산 기간 ………………………………………………… 61

　　(2) 가계결산 서류 ………………………………………………… 61

　　(3) 가계결산 사례 ………………………………………………… 61

　　(4) 가계결산서 분석 ……………………………………………… 62


[ 부　　록 ]

1. 복식부기 가계부 관리 전산프로그램 소개 ……………………… 67

2. 가계관리 데이터 입력을 위한 화면구성 ………………………… 67

3. 입력화면 ……………………………………………………………… 68

4. 가계거래의 사례와 전산시스템을 이용한 출력물 ……………… 77

　　(1) 개시대차대조표 작성 ………………………………………… 77

　　(2) 거래자료입력 체크리스트(거래사례) ……………………… 78

　　(3) 분개리스트 …………………………………………………… 80

　　(4) 대차대조표와 손익계산서, 자산처분손익명세서, 자금수지계산서 ……… 82

# 1. 서문

# 1. 서 문

 오늘날 경제가 발달하고 생활이 세계화 되면서 가정경제에서 발생하는 거래 규모가 복잡하고 커졌다. 과거에는 현금을 위주로 생활에 필요한 재화나 용역을 조달하는 것이 대부분이었다. 그러나 오늘날은 현금뿐 아니라 신용카드나 신용으로 물건이나 용역을 구매하여 생활하게 되었다. 또한 축적한 재산을 증식하기 위한 투자 활동과 금융을 통해 자금을 조달하는 등의 가계관리도 필요하게 되었다. 이와 같이 가정 경제가 복잡해짐에 따라 기존의 수기식 단식부기 회계 방식의 가계부로 관리하는 것은 일정한 한계가 있게 되었다.

 이러한 한계점들을 보완하여 복잡화된 현대의 가정 경제 관리를 보다 효율적이고 정확하게 하도록 돕기 위해 개발된 것이 복식부기 회계 방법으로 만들어진 복식부기 가계부 전산프로그램이다. 복식부기 방법으로 관리하는 가계부는 기존의 단식부기 가계부에서는 만들어질 수 없는 재무상태표와 손익계산서를 만들어 낼 수 있으며, 이 자료들을 통하여 특정 시점의 재정 상태와 일정 기간의 손익 상황을 일목요연하게 볼 수 있다. 또한 지출 상황과 그 내용도 한 눈에 파악할 수 있다.

이러한 복식부기 가계부는 가계 관리뿐 아니라 공직자의 재산 신고관리에도 유용하게 이용될 수 있다. 공직자는 "공직자윤리법"에 따라서 재산 상태와 재산의 증가 원천을 명확히 하기 위하여 재산을 신고하고 있다. 공직자가 재산을 신고할 때 복식부기 방법의 가계부를 이용한다면 재무상태표와 손익계산서를 통하여 투명하고 정확한 재산 변동 내역을 입증할 수 있다.

복식부기 회계제도가 그간 기업에서만 활용하였던 것은 복식부기 회계제도의 전문성 때문이었다. 복식부기는 전문적으로 훈련받은 인력만이 관리할 수 있었다. 그래서 주로 기업에서 전문 인력을 고용하여 운용하던 회계 방법이었다. 그러나 복식부기 가계부 프로그램의 개발로 누구나 손쉽게 복식부기 회계 방법으로 가계부를 작성하고 여러 가지 데이터들을 받아볼 수 있게 되었다.

## 복식부기 전문지식 없이도 가능!

컴퓨터와 인터넷이 우리 생활에 활용되면서 전문지식을 필요로 하는 일들이 인력에서 컴퓨터로 이관되고 있다.
이와 같은 시대에 복식부기로 가계부를 작성하는 것은 전문지식 없이도 컴퓨터를 조작할 수 있다면 누구나 복식부기 가계부를 쉽게 기록 할 수 있다.

회계는 크게 부기방법과 회계기준으로 나누어진다.
복식부기 방법은 화폐제도가 존재하는 한 영원히 변하지 않을 것이고, 회계기준은 변화되는 경제 환경에 따라 지속적으로 변화된다.

가계부작성은 현금거래와 신용거래만을 위주로 한 권리의무 확정 회계기준으로 거래를 인식하여 기록하면 된다.
회계가 어렵다고 느끼는 것은 회계기준 때문이지 부기방법이 어려워서가 아니다.
복식부기로 가계부 작성하는 것은 분개(복식부기) 자동화로 쉽게 누구나 할 수 있다!

복식부기 분개법칙

| 차 변(Debtor) | 대 변(Creditor) |
| --- | --- |
| 자 산 ( 증 가 기 록 ) | 자 산 ( 감 소 기 록 ) |
| 부 채 ( 감 소 기 록 ) | 부 채 ( 증 가 기 록 ) |
| 자 본 ( 감 소 기 록 ) | 자 본 ( 증 가 기 록 ) |
| 비 용 ( 증 가 기 록 ) | 비 용 ( 감 소 기 록 ) |

☞ 복식부기 발상지 이태리 베네치아

## 2. 가계부

(1) 가계부 관리의 필요성

(2) 가계부의 종류

## 2. 가계부

가계부는 가정을 영위하기 위한 경제생활을 화폐 단위로 기록 관리하는 장부를 말한다.

### (1) 가계부 관리의 필요성

물물교환시대에서 화폐를 매개체로 한 시대로 발전하면서 오늘날은 신용을 담보로 하는 신용거래사회로 발전되었다. 또한 생활의 질적 향상과 더불어 가정경제 활동이 복잡하게 이루어지고 있는 것이 현실이다. 따라서 가정경제 생활의 내역을 체계적으로 기록관리하기 위하여 가계부작성이 필요하다.

### (2) 가계부의 종류

가계를 기록하는 장부는 단순 메모형식의 장부와 현금의 수입과 지출을 기록관리하는 금전출납부 및 거래항목을 요약 표현한 단식부기 가계부와 계정과목을 자산, 부채, 자본, 및 수익 비용으로 분류하고 계정과목별로 증가와 감소를 분개 법칙에 따라 기록하여 계정별원장을 작성하는 복식부기 가계부 3가지의 가계부가 있다.

# 3. 단식부기와 복식부기

(1) 부기의 정의와 종류

(2) 단식부기와 복식부기의 작성방법

(3) 단식부기와 복식부기의 차이점

## 3. 단식부기와 복식부기

앞에서 설명한 가계부 작성방법인 단식부기와 복식부기를 서로의 비교를 통하여 보다 자세히 살펴보도록 하겠다.

### (1) 부기의 정의와 종류

거래란 현금 또는 신용으로 물건이나 용역을 교환하는 행위를 말하며, 이렇게 발생한 거래를 장부에 기록하는 행위를 부기라 한다. 거래를 장부에 기록하는 방법은 현금 거래 기준으로 수입과 지출로 분류하여 기록하는 단식부기 방법과 현금거래뿐만 아니라 신용, 물물교환 거래를 기준으로 자산, 부채, 자본, 수익, 비용으로 분류하여 그 증가와 감소를 기록하는 복식부기 방법이 있다.

### (2) 단식부기와 복식부기의 작성방법

단식부기는 자금조달을 수입항목으로, 조달자금 사용을 지출항목으로 구분하여 수입과 지출을 기록한다. 이에 반해 복식부기는 자금을 어떻게 조달하였는가, 조달된 자금은 어떻게 운용하였는가를 관리하기 위하여 자금원천을 부채, 자본, 수익항목으로 구분하고 자금운용을 자산, 비용항목으로 구분하여 기록한다. 보다 자세한 작성방법은 「5.쉽고 간단하게 복식부기 이해하기」에서 설명한다.

## (3) 단식부기와 복식부기의 차이점

단식부기와 복식부기 이 두 가지의 부기방법은 회계의 목적, 회계의 방법, 결산서의 종류가 각각 다르다. 때문에 두 가지 회계방법을 병행하면 서로 부족한 부분을 보완해준다. 그러나 현실적으로 한 가지 회계만을 관리하는데도 많은 부담을 안고 있기 때문에 수기로 병행하는 것은 불가능하며 따라서 전산화가 필요한 부분이다.

단식부기방법은 현금흐름을 수반하는 거래, 즉 현금거래만 인식가능하고 거래의 단면만을 기록 관리한다는 점에서 취약한 회계방법이다.

반면에 복식부기 방법은 현금거래뿐 아니라 물물교환거래, 신용거래 등 모든 경제적 거래를 인식할 수 있으며 거래의 주고 받는 양면을 모두 기록 관리한다.
복식부기의 산출물인 재무상태표와 손익계산서를 통해 국가, 기업, 가정의 손익계산과 재정상태 파악이 가능하다. 반면에 단식부기는 단순히 현금의 유입과 유출만 기록되기 때문에 재무적 평가에 취약하다.

예를 들어, 대출을 받아 그 돈으로 아파트를 구입했다면 단식부기에서는 현금유입, 유출로만 기록되지만 복식부기에서는 아파트 구입자금 조달원천인 차입금(부채)의 증가를 기록하고 구입한 아파트(자산)의 증가를 기록하게 되므로 특정시점에 가계가 보유하고 있는 자산과 부채의 규모를 한눈에 알 수 있게 하고 향후 가계 운영에 관한 계획수립에도 도움을 준다.

단식부기회계제도와 복식부기 회계제도를 간략하게 비교하면 다음과 같은 차이점을 알 수 있다.

| 구 분 | 단식부기 | 복식부기 |
|---|---|---|
| 회계의 목적 | 현금흐름의 파악 | 자산, 부채, 현황파악<br>수익, 비용 대응하여 기간손익 파악 |
| 회계를 위한 계정과목구분 | 수입, 지출 | 자산, 부채 자본<br>수익, 비용 |
| 회계기준 | 현금주의 | 현금주의와 발생주의 |
| 장부의 종류 | 현금출납장 | 계정별원장 |
| 결산서 | 수입계정별명세서<br>지출계정별명세서 | 대차대조표(재정상태표)<br>손익계산서(경영성과표) |

## 4. 복식부기로 가계부를 관리해야 하는 이유

### (1) 복식부기가계부관리가 가정에 미치는 영향

    1) 소비의사결정에 도움
    2) 투자의사결정에 도움
    3) 재산의 투명화로 가족간 신뢰 구축

### (2) 왜 공직자는 재산신고를 복식부기 방법으로 해야 하는가?

    1) 복식부기 회계제도의 사회적 견제기능
    2) 자산증가를 합리적으로 설명하는 방법

### (3) 복식부기가계부를 토대로 한 종합소득세 신고

## 4. 복식부기로 가계부를 관리해야 하는 이유

### ⑴ 복식부기가계부관리가 가정에 미치는 영향

#### 1) 소비의사결정에 도움

손익계산서의 수익, 비용은 경상적으로 발생하는 항목과 비경상적으로 발생하는 항목으로 나눌 수 있으며 이중 경상적 수익, 비용은 미래의 소득 및 지출을 예측하는 데 도움이 된다. 또한 재무상태표의 유동자산, 유동부채 분석을 통해 가까운 미래의 자금흐름을 예측할 수 있으므로 손익계산서와 재무상태표의 정보를 이용하면 장래의 적정한 소비수준을 예측할 수 있다.

#### 2) 투자의사결정에 도움

현재시점에서의 소비수준이 결정되면 유휴자금을 어떻게 운용할 것인지, 즉 투자에 관한 의사결정을 하여야 한다. 현재의 투자의사결정에 따라 투자수익률이 달라지고 이는 곧 미래의 소비가능수준을 결정하게 된다는 점에서 신중하게 판단하여야 하며 이때에도 복식부기로 작성된 재무상태표와 손익계산서 분석은 투자의사결정에 유용한 정보를 얻는데 도움이 된다.

### 3) 재산의 투명화로 가족간 신뢰구축

복식부기방식으로 투명하게 가계관리를 하게 되면 재산증감의 원인을 명확하게 파악할 수 있다. 이와 같은 증감원인 분석을 통해 문제점 등을 보완하면 장래의 가계운영에 도움이 된다. 또한 이러한 공동의사결정과정은 가계 구성원간의 신뢰와 화목을 도모하게 된다.

## (2) 왜 공직자는 재산신고를 복식부기 방법으로 해야 하는가?

1) 복식부기 회계제도의 사회적 견제 기능

공직자는 소유하고 있는 자산과 채무 및 자본 증가 내용을 누락 없이 신고해야 한다. 이와 같이 자산과 부채를 누락 없이 신고하기 위해서는 체계적으로 기록 관리하여야 한다. 체계적으로 재산신고를 하는 데는 복식부기 방법이 가장 적합하다.

복식부기방법은 주고받는 거래의 양면을 모두 기록 관리하기 때문에 일방적으로 거래 기록을 누락하면 거래상대도 함께 누락시키지 않는 한 상호대조 할 경우 누락시킨 것이 나타난다. 따라서 복식부기방법의 회계는 거래상대와 견제시스템으로 작용한다. 거래쌍방이 합의하에 거래를 탈루하지 않는다면 언젠가는 거래 한편의 누락이 발견된다.

가정, 기업, 국가, 사회단체 등 모든 거래 당사자간에 연계되어 거래주체상호간에 견제 기능을 하고 있다.

복식부기회계제도는 사회적견제 기능을 하며 예금실명제도와 더불어 인터넷 정보화시대에 누락과 오류를 발견하게 함으로써 부정거래를 예방하는 중요한 역할을 할 수 있다.

때문에 공직자의 재산신고 제도는 복식부기 회계제도를 활용하여야 한다.

### 2) 자산증가를 합리적으로 설명하는 방법

매년 재산이 늘어나고 있다 이 증가한 재산의 재원이 어떻게 조성되었나를 명쾌하게 설명하는 방법은 단 한가지 밖에 없다. 복식부기 방법으로 가계를 관리하여 1년간의 손익계산서를 작성하면 수익과 비용의 차액이 당기순이익금이며 이 이익금은 자본증가액과 일치한다.

때문에 자산의 증가액의 설명은 손익계산서로 하여야 한다.

아래 표에서 보여주는 바와 같이 1년간의 가계관리를 복식부기로 결산하면 재무상태표와 손익계산서가 작성된다. 재무상태표는 연말 현재의 자산, 부채, 자본을 나타내고 손익계산서는 1년간의 손익을 계산하여 이익금을 산출한다. 손익계신서상의 이익금과 동일한 금액이 재무상태표의 자본증가로 나타난다.

재무상태표의 자산증가와 손익계산서의 이익금은 동일한 금액으로 결산된다.

재무상태표와 손익계산서의 관계는 다음과 같이 연계된다.

재무상태표 (연말)

| 자 산 (당년말) | 부 채 (당년말) | |
|---|---|---|
| | 자 본 | 자 본 (전년도말) |
| | | 자본증가액 (연간) |

손익계산서 (연간)

| 이 익 금 (연간) | 수 익 (연간) |
|---|---|
| 비 용 (연간) | |

※ 기말자산 − (기말부채+기초자본) = ⌈ 자 본 증 가 액 ⌉ = 수익 − 비용
　　　　　　　　　　　　　　　　　　⌊ 이　익　금 　⌋

## (3) 복식부기가계부를 토대로 한 종합소득세 신고

소득이 있으면 세금을 내야한다. 소득이 있어도 적당하게 세금을 인정과세 하였던 시대가 있었다. 그러나 현재는 소득이 있는데도 세금을 자진납부하지 않으면 누락된 소득에 따른 본세와 가산세를 합한 세금을 납부하게 된다.

정보화 시대에 접어들면서 모든 거래가 전산데이타로 저장되기 때문에 시간의 문제이지 결국 탈루한 소득은 나타난다.

재산이 늘고 수입원이 다양화되면서 종합소득을 일목요연하게 관리하기 위해서는 소득이 발생하면 빠짐없이 복식부기 방식으로 장부에 기록하는 방법 밖에 없다.

복식부기로 가계부를 관리하는 경우 종합소득세의 과세표준은 다음과 같은 항목으로 구분하여 관리하면 종합소득세 신고에 매우 유용하다.

○ 사업소득 (자영업자가 사업자번호를 갖고 얻어진 소득)
○ 가계소득 (사업외 소득)
　① 이자소득
　② 배당소득
　③ 근로소득
　④ 연금소득
　⑤ 기타소득
○ 종합소득세 과표 (사업소득 + 가계소득)

# 5. 쉽고 간단하게 복식부기의 이해하기

(1) 복식부기제도의 역사

(2) 회계용어의 명확한 인식

(3) 계정과목

(4) 총계정원장으로서 현금계정과 현금출납장

(5) 차변(借邊)과 대변(貸邊)

(6) 분개(分介)와 분개법칙

(7) 분개자동화

(8) 결산과정

## 5. 쉽고 간단하게 복식부기의 이해하기

정보화시대에 접어들면서 목적하는 결산서는 컴퓨터가 작성하기 때문에 컴퓨터가 작업해 준 결산서를 효과적으로 이용하는 것은 사람의 몫이다. 이 결산서를 효과적으로 이용하려면 결산서를 읽을 수 있어야 한다. 결산서를 읽는 데에는 결산서를 구성하고 있는 용어의 이해가 우선 되어야 한다. 회계가 어렵게 느껴지는 것은 용어를 이해하지 못하기 때문이지 회계가 어려워서가 아니다.

우리가 일상 생활하는데 사용되는 언어는 생활언어이다. 또한 전문분야에서 전문지식을 갖고 생활하는 데는 각 전문분야의 전문 언어가 있다. 법률생활에는 법률언어 회계생활에는 회계언어가 있다. 회계분야의 전문 언어와 법률분야의 법률언어가 간혹 유사하여 혼란을 일으키는 경우가 있다. 예를 들어 회계상 자산이란 용어가 법률상 재산 이란 용어와 회계상 고정자산인 토지와 건물이 법률상 부동산이란 용어로 혼용되는 경우가 많기 때문에 혼란을 가져온다. 이와 같은 전문분야별로 명확하게 회계용어를 이해하면 회계결산서를 쉽게 이해하게 된다.

이번 절에서는 복식부기의 회계용어 및 핵심개념을 쉽고 간략하게 설명하여 이해를 돕도록 하겠다.

## (1) 복식부기제도의 역사

복식부기 방법은 15세기에 가장 상업이 발달하였던 이태리 도시 국가 베네치아의 상인에 의하여 창안된 회계방법으로 창안 이래 오늘에 이르기까지 변함없이 사용되고 있는 회계방법이다.

이 복식부기 방법은 세계 각국에서 각자의 화폐단위로 거래를 기록하는 공통으로 이용하는 회계제도이다. 우리나라에서도 17세기경 고려시대 개성상인에 의하여 창안 되어 이용하였던 개성송도사개치부법이 있었다.

이 사개치부법은 상품을 현금과 신용으로 사고파는 경우에만 사용가능한 회계제도로서 현재와 같은 복잡한 제조, 매매, 용역 등 다양한 경제활동에서 발생되는 거래에서는 사용할 수 없는 취약한 회계제도라고 할 수 있다. 때문에 복식부기 제도에 밀려 역사의 뒤안길로 자취를 감춘 상태이다.

## (2) 회계용어의 명확한 인식

회계에 관한 용어 중에는 법률용어나 생활용어와 유사하여 이해를 하는데 혼란을 가져오는 경우가 있다. 이 용어들을 명료하게 구분하고 이해하는 것은 회계를 이해하는데 우선 되어야 한다.

- 단식부기 회계 용어

　단식부기는 현금을 거래매체로 물품이나 용역을 사고 파는 경우에, 현금을 받는 것은 『수입』이라고 하고 현금을 주는 것을 『지출』이라고 한다. 이 단식부기에서 사용하는 『수입』과 『지출』 용어는 단식부기 회계의 계정과목이다.
　복식부기에서 사용하는 수익과 비용과 단식부기의 수입과 지출 용어는 용어의 개념이 동일하지 않다.


- 복식부기 회계용어

| 회계의 용어 | 법률 용어 | 생활 용어 |
|---|---|---|
| 자　　산 | 재산, 부동산 | 재산, 부동산, 동산 |
| 부　　채 | 채무, 부채 | 채무, 부채, 빚 |
| 자　　본 | 자본금, 출자금, 주권 | 밑천, 투자금, 순자산 |
| 수　　익 | 수익, 수입 | 수익, 수입 |
| 비　　용 | 비용, 지출 | 비용, 지출 |

　※ 자본을 순자산(자산-부채)으로 표현하는 것은 회계용어로서는 부적합하다.

자산 : 조달된 재원 사용의 결과로 가계가 소유권을 가지고 이를 통하여 미래에 경제적 효익을 얻을 수 있는 유·무형의 자원
(ex. 예금, 집, 자동차)

부채 : 가계운영을 위해 재원을 조달함으로 인해 미래에 외부의 권리자에게 현금 등을 지급해야 하는 현재 의무
(ex. 차입금, 카드대금)

자본 : 가계운영을 위해 조달한 재원 중 상환의무가 없는 부분
(자산총액에서 부채총액을 차감한 잔액)

수익 : 가계 구성원이 경제활동을 통하여 벌어들인(조달한) 가계운영 재원
(ex. 월급, 사업소득)

비용 : 가계를 유지하기 위한 재원의 사용중 자산의 취득에 해당하지 않는 것
(ex. 식료품비, 의료비)

복식부기 회계용어로서 자산은 조달된 재원을 사용한 유·무형의 소유권을 의미한다. 부채는 타인으로부터 상환을 전제로 한 재원이고 자본은 주주로부터 조달된 자원과 사업성과로 조성된 재원이다. 5개의 계정과목을 조달된 재원원천개념과 조달된 재원사용개념으로 분류하면 다음과 같다.

| 조달된 재원 사용개념 용어 | 조달된 재원 원천개념 용어 |
|---|---|
| 자　　　산 | 부　　　채 |
|  | 자　　　본 |
| 비　　　용 | 수　　　익 |

## (3) 계정과목

복식부기회계제도에서 계정과목은 회계거래발생시 거래내용을 요약 표현하기 위한 개념용어다. 거래를 분류하는 포괄적 거래 개념을 자산, 부채, 자본, 수익, 비용 5개의 계정과목으로 구분하고 있다. 이 5개의 계정과목은 구체적 개념으로 세분할 수는 있다. 그러나 포괄적 계정과목 5개는 확장하거나 축소할 수는 없다. 단식부기 회계제도에서 사용하는 계정과목은 포괄적 개념으로 수입과 지출 2개로 구분하고 있다. 복식부기의 계정과목인 수익과 비용 계정과목은 단식부기의 수입과 지출 과목과는 다르다. 이 수익, 비용과 수입, 지출 계정과목은 개념이 유사하여 혼돈되므로 명확하게 개념을 구분하여야 한다.

## (4) 총계정원장으로서 현금계정과 현금출납장

복식부기 제도에서는 거래가 발생하면 그 거래에 대한 전표가 작성되고 이를 각 계정과목별로 분류한다. 이렇게 각 계정과목별로 정리된 것을 총계정원장이라고 한다. 전표가 거래가 발생한 순서에 따라 기록하는 것이라면 총계정원장은 가계의 모든 거래를 계정과목별로 분류하여 가계의 자산, 부채, 자본, 수익, 비용의 변동을 파악할 수 있도록 하는 역할을 한다.

총계정원장 중 현금의 증가와 감소, 즉 현금의 출납을 기록하는 계정을 현금계정원장이라고 한다. 복식부기제도의 현금계정원장과 단식부기제도의 현금출납장은 그 내용이 동일하다. 결과적으로 복식부기제도의 현금계정원장을 통해 단식부기제도에서 작성되는 현금출납장과 같은 결과물을 얻을 수 있으며 현금외의 자산, 부채, 자본, 수익, 비용 계정원장까지 작성되기 때문에 복식부기제도가 더욱 다양한 재무정보를 제공하고 있다는 사실을 알 수 있다.

## (5) 차변(借邊)과 대변(貸邊)

모든 거래는 계정과목과 금액을 반드시 기록하여야 한다. 거래는 주고받는 양면성이 있으므로 양면성을 나타내기 위해 기록하는 장소를 횡(橫)으로 좌편(左便)과 우편(右便)으로 나누어 좌편 장소를 "차변"이라 하고 우편장소를 "대변"이라고 정하고 있다. "차변"과 "대변"은 복식부기로 거래를 분개(分介)할 때 장소의 표시일 뿐 다른 의미는 갖고 있지 않다.

| 차 변 | | 대 변 | |
|---|---|---|---|
| 계정과목 | 금 액 | 계정과목 | 금 액 |
| | | | |

## (6) 분개(分介)와 분개법칙

모든 거래는 주고 받는 양면을 가지고 있기 때문에 차변요소와 대변요소가 함께 기록되어야 한다.
  주고받는 거래의 양면성을 차변과 대변으로 나누어 분개원리에 따라 기록하는 법칙을 분개법칙 또는 복식부기원리라고도 한다. 분개법칙은 거래의 양면성이 작용하는 원리에 따라 차변은 조달된 재원의 사용을 기록하고 대변은 재원의 조달원천을 기록한다는 전제에 따라 조달재원의 사용인 자산 증가와 비용 증가는 차변에 기록하고 재원의 조달원천인 부채와 자본, 수익의 증가는 대변에 기록하는 것이다. 따라서 자산의 감소, 부채와 자본의 감소는 각 계정의 증가의 반대편에 기록한다. 차변과 대변의 금액은 항상 동일하게 되는데 이를 '대차평균의 원리'라고 한다. 복식부기를 적용하게 되면 대차평균의 원리로 인하여 차변과 대변의 금액을 비교하여 일치하는지를 확인하면서 자동적으로 오류를 검증할 수 있다.

거래의 양면성의 예)
식료품 100원 구입
자산의 감소 : 현금 감소 (대변요소)
비용의 증가 : 식료품 비용 발생 (차변요소)

| 차 변 | 대 변 |
| --- | --- |
| 자 산 ( 증 가 ) | 자 산 ( 감 소 ) |
| 부 채 ( 감 소 ) | 부 채 ( 증 가 ) |
| 자 본 ( 감 소 ) | 자 본 ( 증 가 ) |
| 비 용 ( 증 가 ) | 수 익 ( 증 가 ) |

## (7) 분개자동화

거래가 발생하면 거래를 복식부기 방법으로 기록하기 위해서는 거래에 해당하는 차변 계정과목과 대변 계정과목이 어떠한 것인지 인식하여야 한다. 이 거래를 계정과목으로 표현하기 위해서는 복식부기에 관한 지식이 있어야 하는데 일반인들은 이러한 지식을 습득할 기회가 많지 않으므로 복식부기회계가 어렵다고 생각하고 있는 것이다.

이와같은 복식부기 전문지식이 없이도 복식부기를 쉽게 할 수 있도록 착안된 것이 컴퓨터를 이용한 "분개자동화"이다. 분개자동화는 발생된 거래사항을 선택하여 거래금액만 입력하면 계정과목과 금액을 차변 대변으로 구분하여 분개 처리한다. 이것을 분개자동화라고 한다.

## (8) 결산과정

결산은 1년 기간을 기준으로 하는 것이 원칙이다. 필요에 따라 일단위, 월단위, 분기단위로도 할 수도 있다.

복식부기회계는 전년도에 결산 된 대차대조표는 당년도의 개시 대차대조표가 되며 이월된 계정별 잔액과 당년도에 발생한 모든 거래를 집합하여 시산표와 대차대조표, 손익계산서를 작성하고 결산을 마감한다.

① 개시대차대조표 작성

개시대차대조표는 복식부기회계를 최초로 도입하기 위하여 작성하는 경우는 자산과 부채를 실사평가하고 자산총액에서 부채총액을 차감한 차액을 개시자본금으로 하여 개시대차대조표를 작성한다.

그러나 다음연도부터는 전년도의 대차대조표가 이월되어 당년도의 개시대차대조표가 되므로 별도로 실사평가작성 할 필요가 없다.

**개시대차대조표**
2012년 1월 1일 현재

| 자 산 || 가계부채 및 가계자본 ||
|---|---|---|---|
| 계정과목 | 금액 | 계정과목 | 금액 |
| 현 금 | 1,000 | 은 행 차 입 금 | 2,000 |
| 유 가 증 권 | 500 | 신용카드미지급금 | 500 |
| 토 지 | 5,000 | 가계부채 계 | 2,500 |
|  |  | 개 시 자 본 금 | 4,000 |
|  |  | 가계자본 계 | 4,000 |
| 자 산 계 | 6,500 | 부채 자본 계 | 6,500 |

② 거래사항 분개(分介)

거래 사례에 따른 분개는 다음과 같다.

### 분개장

2012년 1월 1일부터 2012년 12월 31일까지

| 번호 | 거래내용 | 차변 | | 대변 | |
|---|---|---|---|---|---|
| | | 계정과목명 | 금액 | 계정과목명 | 금액 |
| 1 | 월정급여수입 | 현 금 | 3,000 | 급여상여수입 | 3,000 |
| 2 | 이 자 수 입 | 현 금 | 500 | 수 입 이 자 | 500 |
| 3 | 임 대 료 수 입 | 현 금 | 2,000 | 임 대 수 입 | 2,000 |
| 4 | 은 행 차 입 | 현 금 | 4,000 | 은 행 차 입 금 | 4,000 |
| 5 | 보 통 예 금 예 입 | 보 통 예 금 | 3,000 | 현 금 | 3,000 |
| 6 | 옷 | 의 류 비 | 2,500 | 카드미지급금 | 2,500 |
| 7 | 쌀 , 밀 가 루 | 식 품 비 | 500 | 현 금 | 500 |
| 8 | 아파트관리비 | 주 거 비 | 600 | 현 금 | 600 |
| 9 | 교 통 비 | 교통통신비 | 300 | 현 금 | 300 |
| 10 | 유가증권구입지출 | 유 가 증 권 | 1,000 | 현 금 | 1,000 |
| 11 | 귀금속구입카드사용 | 귀 금 속 | 2,000 | 카드미지급금 | 2,000 |
| | | 계 | 19,400 | 계 | 19,400 |

③ 합계잔액시산표 작성

합계잔액시산표의 작성은 개시대차대조표와 당기의 거래 분개를 집합하여 합계잔액시산표를 작성한다.

**합계잔액시산표**

2012년 01월 01일부터 2012년 12월 31일까지

| 차 변 | | 계정과목 | 대 변 | |
|---|---|---|---|---|
| 잔 액 | 합 계 | | 합 계 | 잔 액 |
| 5,100 | 10,500 | 현　　　　　금 | 5,400 | - |
| 3,000 | 3,000 | 보 통 예 금 | - | - |
| 1,500 | 1,500 | 유 가 증 권 | - | - |
| 5,000 | 5,000 | 토　　　　　지 | - | - |
| 2,000 | 2,000 | 귀　금　속 | - | - |
| - | - | 은 행 차 입 금 | 6,000 | 6,000 |
| - | - | 신용카드미지급금 | 5,000 | 5,000 |
| - | - | 개 시 자 본 금 | 4,000 | 4,000 |
| - | - | 급 여 수 입 | 3,000 | 3,000 |
| - | - | 이 자 수 입 | 500 | 500 |
| - | - | 임 대 수 입 | 2,000 | 2,000 |
| 2,500 | 2,500 | 의 류 비 | - | - |
| 500 | 500 | 식 품 비 | - | - |
| 600 | 600 | 주 거 비 | - | - |
| 300 | 300 | 교 통 통 신 비 | - | - |
| 20,500 | 25,900 | 계 | 25,900 | 20,500 |

④ 대차대조표 작성

대차대조표는 합계잔액시산표의 자산, 부채, 자본 계정의 잔액을 옮겨서 작성한다.

**대차대조표**

2012년 10월 25일 현재

| 계 정 과 목 | 당 기 | 개 시 | 계 정 과 목 | 당 기 | 개 시 |
|---|---|---|---|---|---|
| 자        산 | (16,600) |  | 은 행 차 입 금 | 6,000 | 2,000 |
| 현        금 | 5,100 | 1,000 | 신용카드미지급금 | 5,000 | 5,000 |
| 보 통 예 금 | 3,000 |  | 가 계 부 채 계 | 11,000 |  |
| 유 가 증 권 | 1,500 | 500 | 개 시 자 본 금 | 4,000 | 4,000 |
| 토        지 | 5,000 | 5,000 | 당 기 순 이 익 | 1,600 |  |
| 귀   금   속 | 2,000 |  | 가 계 자 본 계 | 5,600 |  |
| 자 산 계 | 16,600 | 6,500 | 가계부채와<br>자본 계 | 16,600 | 6,500 |

⑤ 손익계산서 작성

손익계산서는 합계잔액시산표의 수익과 비용계정의 잔액을 옮겨서 작성한다.

## 손익계산서

2012년 1월 1일부터 2012년 10월 25일까지

| 계 정 과 목 | 당 기 | 전 기 | 계 정 과 목 | 당 기 | 전 기 |
|---|---|---|---|---|---|
| 의 류 비 | 2,500 | - | 급여상여수익 | 3,000 | - |
| 식 품 비 | 500 | - | 수 입 이 자 | 500 | - |
| 주 거 비 | 600 | - | 임 대 수 입 | 2,000 | - |
| 교 통 통 신 비 | 300 | - | | | |
| 비 용 계 | 3,900 | - | | | |
| 당기순이익 ※ | 1,600 | - | | | |
| 비용 및 자본형성금 계 | 5,500 | - | 수 익 계 | 5,500 | - |

※ 수익계에서 비용계를 차감한 잔액으로 (+)인 경우 차변에 당기순이익으로, (-)인 경우에 대변에 당기순손실로 나타남.

# 6. 복식부기 재무제표 읽기

(1) 재무상태표와 손익계산서

(2) 재무상태표와 손익계산서의 보고서 형식

(3) 재무상태표와 손익계산서의 관계

# 6. 복식부기 재무제표 읽기

## (1) 재무상태표와 손익계산서

재무상태표

| 차 변 | 대 변 |
|---|---|
| 자산 (조달된 재원의 운용) | 부채 (외부로부터의 재원 조달) |
| | 자본 (자체적 재원 조달) |
| 자 산 계 | 부채 및 자본 계 |

 재무상태표는 일정 시점의 자산, 부채, 자본을 표시하여 재정상태를 나타내고 손익계산서는 일정 기간의 수익과 비용을 대조 표시하여 경영성과를 나타내고 있다.

손익계산서

| 차 변 | 대 변 |
|---|---|
| 비용 (조달된 재원의 사용)<br>당기순이익 (수익-비용= 자본형성) | 수익 (경제활동을 통한 재원 조달) |
| 비용 및 자본형성금 계 | 수익 계 |

일정 기간의 손익계산서는 일정 시점의 재무상태표의 자본증가의 원천을 나타낸다. 때문에 손익계산서는 재무상태표의 자본증가를 설명하는 부속명세서의 기능을 하고 있다고 할 수 있다.

## (2) 재무상태표(대차대조표)와 손익계산서의 보고서 형식

재무상태표와 손익계산서 작성 보고서의 형식은 차변과 대변으로 구분하여 표시하는 계정식 보고서와 차변 대변 구분하지 않고 자산, 부채 자본 순서로 재무상태표를 작성하고 수익 비용 순서로 손익계산서를 작성하는 보고식 보고서가 있다. 재무상태표와 손익계산서는 복식부기방법으로 만들어지는 결산서이므로 복식부기에 익숙하게 되면 "보고식 보고서"보다는 "계정식 보고서"를 이용하는 것이 편리하다.

<계정식 보고서>

| (차변) | 대차대조표 | (대변) |   | (차변) | 손익계산서 | (대변) |
|---|---|---|---|---|---|---|
| 자산 xxx | 부채 xxx |   |   | 비용 xxx<br>당기순익 xxx | 수익 xxx |   |
| 계 xxx | 자본 xxx<br>계 xxx |   |   | 계 xxx | 계 xxx |   |

<보고식 보고서>

| 재무상태표 | | | 손익계산서 | |
|---|---|---|---|---|
| 자　　산 | xxx | | 수　　익 | xxx |
| **자 산 계** | **xxx** | | 비　　용 | xxx |
| 부　　채 | xxx | | 당기순이익 | xxx |
| 자　　본 | xxx | | | |
| **부채자본계** | **xxx** | | | |

## (3) 재무상태표(대차대조표)와 손익계산서의 관계

　재무상태표와 손익계산서는 불가분의 관계라고 할 수 있다.
　모든 거래를 분개하여 자산, 부채, 자본, 수익, 비용과목을 집계한 것이 시산표이고 이 시산표에서 자산, 부채, 자본과목을 분리하여 재무상태표를 작성하고 수익, 비용 과목을 분리하여 손익계산서를 작성한다. 이와 같이 작성된 재무상태표는 재정상태를 나타내고 손익계산서는 경영성과를 나타낸다. 손익계산결과는 재무상태표의 당기증가자본과 일치한다. 당기증가자본의 원천은 손익계산서로 설명된다.

7. 복식부기 전문지식 없이도 복식부기가계부를 관리할 수 있다.

## 7. 복식부기 전문지식 없이도 복식부기가계부를 관리할 수 있다.

10의 제곱근($\sqrt{10}$)의 값을 계산하는 데는 전문 수학지식이 필요하다. 그러나 계산기를 이용하면 쉽게 '3.162277······'이라는 답이 계산된다. 이와 같이 복식부기방법의 가계관리도 거래분개 자동화 전산프로그램을 이용하면 재무상태표 손익계산서를 컴퓨터가 작성하여 주기 때문에 복식부기 전문지식 없이도 복식부기방법으로 가계부를 관리할 수 있다.

수기에 의한 복식부기로 결산하는 절차는 거래의 분개, 분개의 계정별원장에 전기, 계정별원장에 의한 시산표작성, 시산표에 의한 재무상태표와 손익계산서 작성으로 결산이 종결된다.
하지만 프로그램을 사용할 경우 이와 같은 분개, 원장기록, 시산표작성, 재무상태표와 손익계산서 작성은 컴퓨터가 수행해준다.

복식부기 회계관리가 회계 전문 인력으로부터 컴퓨터로 이관되고 있기 때문에 인력의 역할은 컴퓨터가 작성해주는 재무제표를 분석하여 이용하면 된다.

복식부기에 관한 전문지식이 필요한 부문은 거래를 분개로 인식하는 것이다. 가계거래를 분개로 인식하기 위해서는 가계거래를 자동분개로 연계할 수 있도록 거래를 형태별로 구분하고 거래형태별 거래종류를 열거하고 열거된 거래종류 중 해당거래를 선택하여 입력화면에 거래금액만을 입력하면 분개가 자동으로 이루어진다.

거래형태의 구분은 다음과 같다.

- ○ 현금, 신용카드, 신용 거래
- ○ 예금통장 입출금 자동이체 거래
- ○ 대체거래

대체거래는 빈번하게 발생하는 거래와 희소하게 발생하는 거래를 구분하고 빈번하게 발생하는 거래는 자동분개로 처리하고 희소하게 발생하는 거래는 수동분개로 처리하도록 한다. 수동분개는 분개의 전문지식을 지원하기 위해서 분개 편람을 옵션으로 제공한다.

## 복식부기 분개법칙에 의한 거래의 종류

복식부기법칙의 거래의 종류는 16가지에 불과하다. 거래의 종류가 많게 느껴지는 것은 분개법칙의 이해 부족 때문이다.

분개법칙에 따른 16개 거래분개의 종류를 표시하면 다음과 같다.

| (차 변) | (대 변) |
|---|---|
| 자 산(+) | 자 산(-) |
| 부 채(-) | 부 채(+) |
| 자 본(-) | 자 본(+) |
| 비 용(+) | 수 익(+) |

# 8. 가계결산

(1) 가계결산 기간

(2) 가계결산 서류

(3) 가계결산 사례

(4) 가계결산서 분석

## 8. 가계결산

### (1) 가계결산 기간

가계결산 기간은 특별한 사정이 없는 경우 종합소득세 과세기간인 매년 1월 1일부터 12월 31일까지 1년으로 하는 것이 여러모로 편리하다.

### (2) 가계결산 서류

가계결산 서류는 자산과 부채 가계자본으로 구성되는 가계 재무상태표(자산, 부채 명세서)와 수익과 비용으로 구성되는 가계손익계산서로 한다.

### (3) 가계결산 사례

가계결산 사례는 복식부기가계부관리 전산프로그램을 이용하여 작성된 내용은 부록 "4. 가계거래의 사례와 전산시스템을 이용한 출력물"에 첨부하고 있다.

## (4) 가계결산서 분석

가계 결산이 완료되면 부채비율, 엥겔계수, 가계임계점 등을 산출하여 문제점이 없는지 판단해야한다. 수입보다 많은 지출(비용)이라면 비용을 줄이는 방안을 연구해야 한다.

수입이 비용보다 많이 발생하여 자산이 증가하였으면 이 자산을 효율적으로 관리하여야 한다. 그래야 복식부기 방식으로 가계부를 관리한 효과를 극대화할 수 있을 것이다.

다음의 가계분석은 가계부를 복식부기로 관리하여 만들어진 재무상태표와 손익계산서를 근거로 하여 분석한 것이다.

① 부채비율 분석

부채비율은 자기자본에 대한 타인자본(부채) 비율로서 낮을수록 양호하고 100%를 초과하면 가계가 불량하다고 할 수 있다.

부채비율 산정공식 : $\dfrac{부채}{자기자본} \times 100$ = 부채비율(낮을수록 양호)

(예) $\dfrac{103,300}{9,300} \times 100$ = 1,110% (매우불량)

② 엥겔계수 분석

엥겔계수는 독일의 통계학자 엥겔이 1875년 근로자의 가계 조사에서 발견한 가계를 분석한 총 생활비중 식생활비가 차지하는 지표로 낮을수록 좋으며 100%가 되면 식생활 이외의 문화 생활등 기타의 지출을 할 수 없게 된다.

엥겔계수 산정공식 : $\dfrac{식생활비}{총생활비} \times 100$ = 엥겔계수(낮을수록 양호)

(예) $\dfrac{1,000}{42,700} \times 100 = 2.34\%$ (매우양호)

③ 가계임계점

차입금을 조달하는 경우 차입 원리금의 상환능력을 판단할 수 있는 지표이다. 가계임계점은 생계비와 부채원리금 상환액을 합계한 금액을 말하며 수입이 생활비와 차입원리금 합계보다 적으면 재산이 감소하게 된다.

가계임계점 산정공식 : $\dfrac{수입}{생활비+차입원리금상환액}$ = 가계임계점 (높을수록 양호)

(예) $\dfrac{5,000 + 24,000 + 23,000}{42,700 + 0} = 1.2$ (양호)

# 부 록

1. 복식부기 가계부관리 전산프로그램 소개

2. 가계관리 데이터 입력을 위한 화면구성

3. 입력화면

4. 가계거래의 사례와 전산시스템을 이용한 출력물

   (1) 개시대차대조표 작성

   (2) 거래자료입력 체크리스트 (거래사례)

   (3) 분개리스트

   (4) 대차대조표와 손익계산서, 자산처분 손익명세서, 자금수지계산서

## 1. 복식부기 가계부관리 전산프로그램 소개

이 부록은 전문성업무를 비전문인력으로 관리할 수 있는 복식부기 자동화를 위한 복식부기 가계부 전산 프로그램을 소개하기 위한 것이다.

과거에는 복식부기 지식은 전문적인 학교교육을 통하여 습득하였다. 그러나 현재는 컴퓨터와 인터넷을 활용하여 전문성 업무를 비전문인력으로 관리할 수 있는 전산프로그램을 활용하면 누구나 쉽게 복식부기 방법으로 가계부를 작성할 수 있다. 이 복식부기가계부 프로그램은 재무상태표와 손익계산서등 가계관리에 유익한 재무정보를 만들어 활용할 수 있다.

가계를 수시로 파악하고 분에 맞는 소비와 축적된 재산의 효율적 운영으로 재산증식을 도모할 수 있다.

## 2. 가계거래 데이터 입력을 위한 화면구성

『개시재무상태표 작성』 입력화면
『현금, 신용카드, 신용거래』 입력화면
『보통예금 계좌를 통한 자동입출금 이체거래』 입력화면
『기타의 대체거래』 입력화면
『자산처분에 따른 손익을 계산하기 위한 '처분자산 취득가 처분가'』 입력화면

68  부  록

## 3. 입력화면

(개시재무상태표 입력)

　이 개시재무상태표 입력화면은 복식부기 회계방법으로 가계부를 기록 관리하기 위하여 복식부기로 가계관리를 시작하는 시점에 자산, 부채, 개시자본금을 입력하는, 단 한번 이용하는 화면이다.

가계부를 기록하는 시점의 자산(현금, 예금, 유가증권, 토지, 건물 등)과 부채(미지급금, 사채차입금, 은행차입금, 카드사용미지급금, 수입임대보증금 등)을 실사평가하고 자산총액에서 부채총액을 차감하여 개시자본금(자산-부채=개시자본금)을 산정하여 입력 저장하여야 한다.

 차변(자산)과 대변(부채+개시자본금)의 금액이 반드시 동액으로 일치하여야 한다. 차변과 대변의 금액이 일치하지 않으면 데이터 입력이 저장되지 않는다.

**현금,카드,외상 거래 입력** (수입입력)

※ 이 입력화면은 [수입]과 관련한 현금, 신용카드, 외상거래를 입력하기 위한 화면으로 해당거래종류와 해당항목을 선택하고 거래금액을 입력하면 자동으로 분개가 이루어진다.

화면에 표시된 급여상여수입 거래종류를 선택하면 월정급여수입 등 여러 개의 거래항목이 나타난다. 다음 여러 종류의 항목 중 월정급여수입항목을 선택하고 수입된 금액을 입력하면 화면 아래와 같이 분개가 이루어진다. 분개된 내용은 다음과 같다.

(차변) 현금 1,000 (대변) 급여상여수입 1,000원

**현금,카드,외상 거래 입력** (지출입력)

※ 이 입력화면은 [지출]과 관련한 현금, 신용카드, 외상거래를 입력하기 위한 화면으로 해당거래종류와 해당항목을 선택하고 거래금액을 입력하면 자동으로 분개가 이루어진다.

화면에 표시된 의류비지출 거래종류를 선택하면 여러 종류의 거래항목이 나타난다. 다음 여러 종류의 항목 중 모자, 악세서리 항목을 선택하여 입력하면 아래 화면과 같이 거래를 분개로 전환처리하여 준다. 분개된 거래내용은 다음과 같다.

(차변) 의류비 1,500  (대변) 신용카드미지급금 1,500원

### 예금자동이체 입력

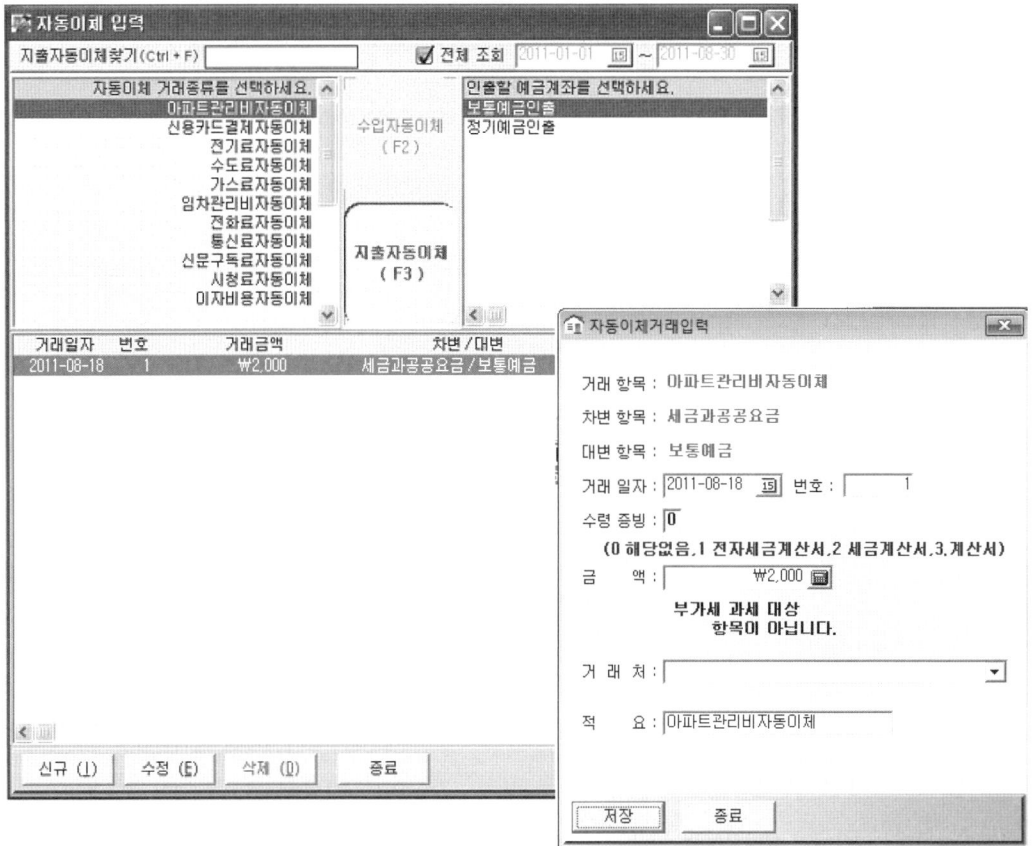

※ 이 예금 자동이체 입력화면은 보통예금을 통하여 자금의 수입과 지출이 자동으로 예입 또는 인출되는 거래를 입력하면 자동으로 분개가 이루어진다.

보통예금계좌에서 아파트관리비를 자동이체로 지출한 금액을 입력하면 다음과 같이 분개가 이루어진다.

(차변) 아파트관리비 2,000  (대변) 보통예금 2,000원

부  록  73

### 대체거래 입력

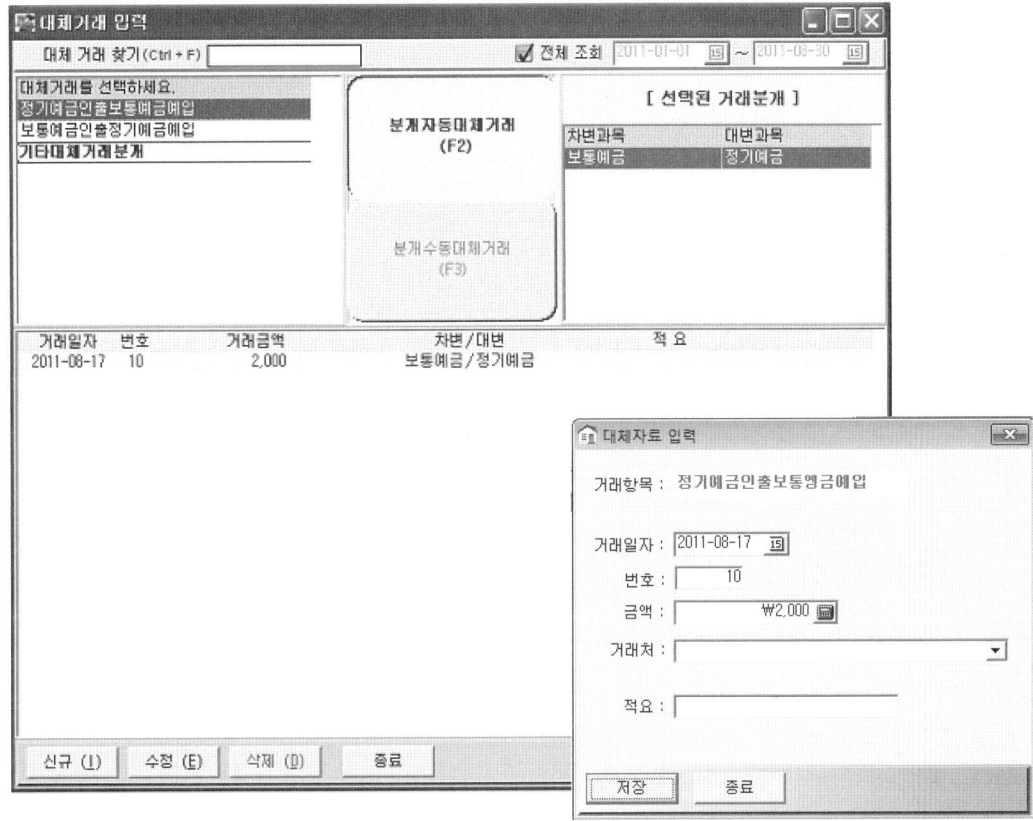

※ 이 대체거래 입력화면은 "현금, 신용카드, 외상거래"와 보통예금을 통한 수입 지출이 자동으로 예입 또는 인출되는 거래"를 제외한 모든 거래를 입력하기 위한 것으로 "분개자동 처리화면"과 "분개수동 처리화면"으로 구분한다.

분개수동대체거래는 가계거래에서는 거래 발생빈도가 매우 낮은 것으로 거래가 발생하면 복식부기에 대한 지식이 있는 사람의 도움을 받으면 된다.

74    부  록

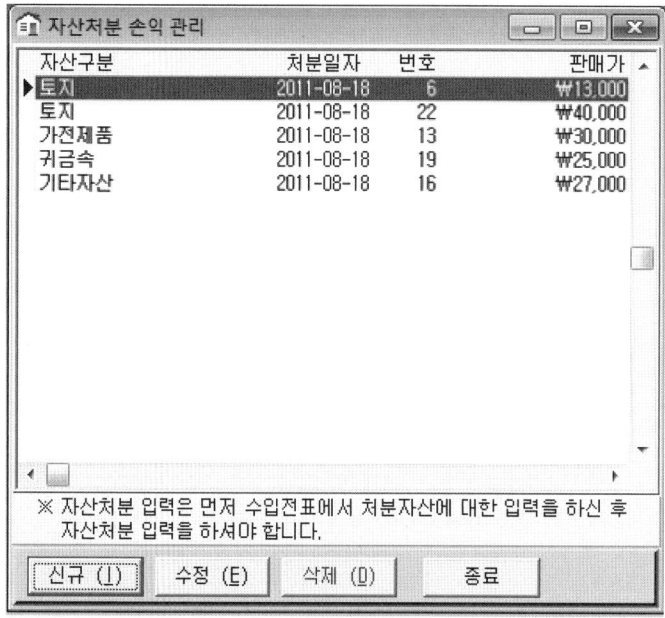

※ 다음쪽 입력화면 참조

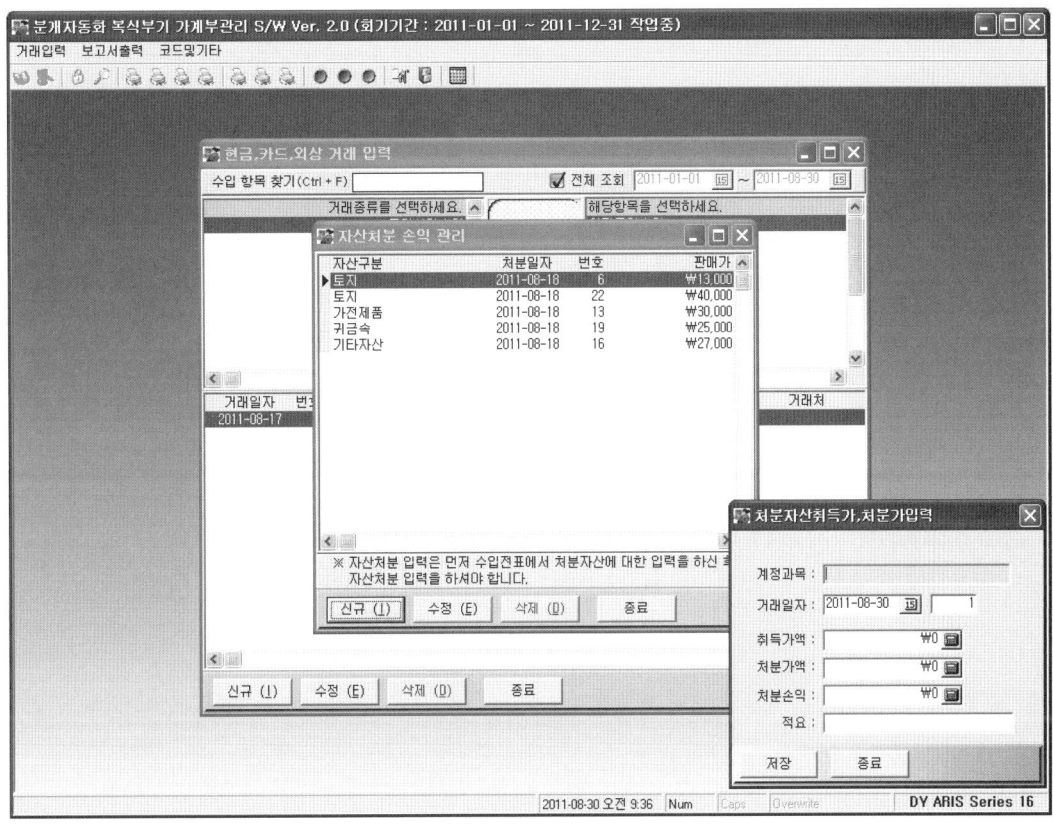

※ 이 "현금, 신용카드, 외상입력"화면과 "처분자산 취득가, 처분가 입력화면"은 자산으로 계상되고 있는 토지, 건물, 가전제품, 귀금속, 유가증권을 매각하는 거래를 입력하기 위한 화면으로 매각자산의 매각금액은 현금, 신용카드, 외상입력화면의 수입버튼을 선택하여 입력하고 매각금액을 다시 한번 처분자산 취득가, 처분가 입력화면의 취득가액란에 취득금액을 입력하면 처분자산에 대한 감소와 처분손익이 자동으로 분개처리 된다.

자산처분에 따른 처분손익의 거래 예와 분개를 표시하면 다음과 같다.

거래 예 : 토지구입가   10,000
　　　　　토지처분가   13,000
　　　　　토지처분익    3,000

거래분개 : (차변) 현금 13,000　(대변) 토지　　　 10,000
　　　　　　　　　　　　　　　　　　　 토지처분익　3,000

## 4. 가계거래의 사례와 전산시스템을 이용한 출력물

### (1) 개시대차대조표 작성

복식부기방법으로 가계부를 작성하기 위해서는 복식부기로 가계부작성을 시작하는 시점의 자산과 부채를 실사하여 평가한 금액으로 대차대조표를 작성하여 이를 입력하여 개시대차대조표 데이터를 구축하여야 한다.

**개시대차대조표**
2011년 1월 1일 현재

| 자 산 | | 가계부채 및 가계자본 | |
|---|---|---|---|
| 계 정 과 목 | 금 액 | 계 정 과 목 | 금 액 |
| 현 금 | 67,600 | 미 지 급 금 | 45,700 |
| 보 통 예 금 | 3,000 | 카 드 차 입 금 | 1,000 |
| 유 가 증 권 | 3,000 | 신용카드미지급금 | 56,600 |
| 투 자 유 가 증 권 | 25,000 | 가 계 부 채 계 | 103,300 |
| 정 기 예 금 | 3,000 | | |
| 미 수 금 | 4,000 | 개 시 자 본 금 | 9,300 |
| 건 물 | 7,000 | 가 계 자 본 계 | 9,300 |
| 자 산 계 | 112,600 | 가계부채와 자본계 | 112,600 |

## (2) 거래자료입력 체크리스트 (거래사례)

거래를 가정한 사례를 입력한 거래자료 입력 체크리스트는 다음과 같다.

### 거래자료 입력 체크리스트
2011-1-1 부터 2011-12-31

(단위:원)

| 거 래 일 자 | 거래구분 | 번호 | 거 래 내 용 | 금 액 |
|---|---|---|---|---|
| 2011-10-25 | 지  출 | 1 | 토지 구입 | 10,000 |
| 2011-10-25 | 지  출 | 2 | 투자유가증권 구입지출 | 25,000 |
| 2011-10-25 | 수  입 | 3 | 월정급여 수입 | 1,000 |
| 2011-10-25 | 지  출 | 4 | 교통비 | 2,000 |
| 2011-10-25 | 수  입 | 5 | 사채 차입 | 1,000 |
| 2011-10-25 | 수  입 | 6 | 임대료 수입 | 4,000 |
| 2011-10-25 | 지  출 | 7 | 가전제품 구입비 | 1,500 |
| 2011-10-25 | 수 입 이 체 | 8 | 상여금수입 자동이체 | 1,000 |
| 2011-10-25 | 지 출 이 체 | 9 | 아파트관리비 자동이체 | 15,000 |
| 2011-10-25 | 지  출 | 10 | 정기예금 예입 | 5,000 |
| 2011-10-25 | 대  체 | 11 | 정기예금인출 보통예금예입 | 2,000 |
| 2011-10-25 | 수 입 이 체 | 12 | 임대료수입 자동이체 | 20,000 |
| 2011-10-25 | 수  입 | 13 | 상여금 수입 | 3,000 |
| 2011-10-25 | 지  출 | 14 | 옷 | 1,500 |
| 2011-10-25 | 지  출 | 15 | 아파트관리비 | 2,200 |
| 2011-10-25 | 지  출 | 16 | 기부금 | 500 |
| 2011-10-25 | 지  출 | 17 | 관람료 | 600 |
| 2011-10-25 | 지  출 | 18 | 부식비 | 600 |
| 2011-10-25 | 지  출 | 19 | 부식비 | 400 |
| 2011-10-25 | 지  출 | 20 | 수업료 | 300 |
| 2011-10-25 | 지  출 | 21 | 축의금 | 600 |
| 2011-10-25 | 수  입 | 22 | 토지매각 수입 | 13,000 |
| 2011-10-25 | 지  출 | 24 | 건물 구입 | 7,000 |

| 2011-10-25 | 지    출 | 25 | 옷 | 1,500 |
|---|---|---|---|---|
| 2011-10-25 | 지    출 | 26 | 유가증권 구입지출 | 3,000 |
| 2011-10-25 | 지    출 | 27 | 가전제품 구입 | 25,000 |
| 2011-10-25 | 수    입 | 28 | 자동차 매각수입 | 30,000 |
| 2011-10-25 | 지    출 | 30 | 기타자산 구입 | 30,000 |
| 2011-10-25 | 지    출 | 31 | 기타자산 매각수입 | 27,000 |
| 2011-10-25 | 수    입 | 33 | 귀금속 구입지출 | 10,000 |
| 2011-10-25 | 지 출 이 체 | 34 | 귀금속 매각수입 | 25,000 |
| 2011-10-25 | 지    출 | 36 | 토지 구입 | 50,000 |
| 2011-10-25 | 수입, 대체 | 37 | 토지 매각수입 | 40,000 |
| 2011-10-25 | 수 입 이 체 | 39 | 소모품비 | 3,000 |

## (3) 분개리스트

거래를 가정한 거래사례를 입력하여 자동분개 처리된 분개리스트는 다음과 같다.

### 분개리스트
2011-1-1 부터 2011-12-31

(단위:원)

| 번호 | 거래내용 | 차변 계정과목명 | 금액 | 대변 계정과목명 | 금액 |
|---|---|---|---|---|---|
| 1 | 토지 구입 | 토지 | 10,000 | 미지급금 | 10,000 |
| 2 | 투자유가증권 구입지출 | 투자유가증권 | 25,000 | 미지급금 | 25,000 |
| 3 | 월정급여 수입 | 현금 | 1,000 | 급여상여수입 | 1,000 |
| 4 | 교통비 | 교통통신비 | 2,000 | 현금 | 2,000 |
| 5 | 사채 차입 | 현금 | 1,000 | 사채차입금 | 1,000 |
| 6 | 임대료 수입 | 미수금 | 4,000 | 임대수입 | 4,000 |
| 7 | 가전제품 구입비 | 기타생활비 | 1,500 | 신용카드미지급금 | 1,500 |
| 8 | 자동이체 | 보통예금 | 1,000 | 급여상여수입 | 1,000 |
| 9 | 자동이체 | 주거비 | 15,000 | 보통예금 | 15,000 |
| 10 | 정기예금예입 | 정기예금 | 5,000 | 현금 | 5,000 |
| 11 | 정기예금인출보통예금예입 | 보통예금 | 2,000 | 정기예금 | 2,000 |
| 12 | 자동이체 | 보통예금 | 20,000 | 임대수입 | 20,000 |
| 13 | 상여금 수입 | 현금 | 3,000 | 급여상여수입 | 3,000 |
| 14 | 옷 | 의류비 | 1,500 | 신용카드미지급금 | 1,500 |
| 15 | 아파트관리비 | 주거비 | 2,200 | 미지급금 | 2,200 |
| 16 | 기부금 | 경조종교활동비 | 500 | 현금 | 500 |
| 17 | 관람료 | 문화생활비 | 600 | 현금 | 600 |
| 18 | 부식비 | 식품비 | 600 | 신용카드미지급금 | 600 |
| 19 | 부식비 | 식품비 | 400 | 현금 | 400 |

| 20 | 수업료 | 교 육 비 | 300 | 현 금 | 300 |
|---|---|---|---|---|---|
| 21 | 축의금 | 경조종교활동비 | 600 | 현 금 | 600 |
| 22 | 토지 매각수입 | 현 금 | 13,000 | 토 지 | 13,000 |
| 23 | 자산 처분 | 토 지 | 3,000 | 자 산 처 분 이 익 | 3,000 |
| 24 | 건물 구입 | 건 물 | 7,000 | 미 지 급 금 | 7,000 |
| 25 | 옷 | 의 류 비 | 1,500 | 신용카드미지급금 | 1,500 |
| 26 | 유가증권 구입지출 | 유 가 증 권 | 3,000 | 현 금 | 3,000 |
| 27 | 가전제품 구입 | 가 전 제 품 | 25,000 | 현 금 | 25,000 |
| 28 | 자동차 매각수입 | 현 금 | 30,000 | 가 전 제 품 | 30,000 |
| 29 | 자산 처분 | 가 전 제 품 | 5,000 | 자 산 처 분 이 익 | 5,000 |
| 30 | 기타자산 수입 | 기 타 자 산 | 30,000 | 현 금 | 30,000 |
| 31 | 기타자산 매각수입 | 현 금 | 27,000 | 기 타 자 산 | 27,000 |
| 32 | 자산처분 | 자 산 처 분 손 실 | 3,000 | 기 타 자 산 | 3,000 |
| 33 | 귀금속 구입지출 | 귀 금 속 | 10,000 | 현 금 | 10,000 |
| 34 | 귀금속 매각수입 | 현 금 | 25,000 | 귀 금 속 | 25,000 |
| 35 | 자산처분 | 귀 금 속 | 15,000 | 자 산 처 분 이 익 | 15,000 |
| 36 | 토지구입 | 토 지 | 50,000 | 신용카드미지급금 | 50,000 |
| 37 | 토지 매각수입 | 현 금 | 40,000 | 토 지 | 40,000 |
| 38 | 자산처분 | 자 산 처 분 손 실 | 10,000 | 토 지 | 10,000 |
| 39 | 소모품비 | 기 타 생 활 비 | 3,000 | 신용카드미지급금 | 3,000 |
|  |  |  | 397,700 |  | 397,700 |

## (4) 대차대조표와 손익계산서, 자산처분손익명세서, 자금수지계산서

기초대차대조표와 거래사례분개를 데이터로 하여 작성한 대차대조표와 손익계산서, 자산처분손익명세서, 자금수지계산서는 다음과 같다.

### 대차대조표
2011년 12월 31일 현재

(단위 : 원)

| 자산 | | | 가계부채 및 가계자본 | | |
|---|---|---|---|---|---|
| 계정과목 | 당기 | 전기 | 계정과목 | 당기 | 전기 |
| 현　　　금 | 130,000 | 67,600 | 미지급금 | 89,900 | 45,700 |
| 보통예금 | 11,000 | 3,000 | 사채차입금 | 1,000 | |
| 유가증권 | 6,000 | 3,000 | 카드차입금 | 1,000 | 1,000 |
| 투자유가증권 | 50,000 | 25,000 | 신용카드미지급금 | 114,700 | 56,600 |
| 정기예금 | 6,000 | 3,000 | 가계부채계 | 206,600 | 103,300 |
| 미수금 | 8,000 | 4,000 | 개시자본금 | 9,300 | 9,300 |
| 건　　　물 | 14,000 | 7,000 | 이익잉여금 (당기순이익누적) | 9,300 | |
| | | | 가계자본계 | 18,600 | 9,300 |
| 자산계 | 225,000 | 112,600 | 가계부채와 자본계 | 225,200 | 112,600 |

## 손익계산서

2011년 1월 1일부터 2011년 12월 31일까지

(단위 : 원)

| 비 용 | | | 수 익 | | |
|---|---|---|---|---|---|
| 계 정 과 목 | 당 기 | 전 기 | 계 정 과 목 | 당 기 | 전 기 |
| 의 류 비 | 3,000 | | 급여상여수입 | 5,000 | |
| 식 품 비 | 1,000 | | 임 대 수 입 | 24,000 | |
| 주 거 비 | 17,200 | | 자산처분이익 | 23,000 | |
| 기 타 생 활 비 | 4,500 | | | | |
| 교 통 통 신 비 | 2,000 | | | | |
| 교 육 비 | 300 | | | | |
| 경조종교활동비 | 1,100 | | | | |
| 문 화 생 활 비 | 600 | | | | |
| 자 산 처 분 손 실 | 13,000 | | | | |
| 비 용 계 | 42,700 | | | | |
| 당 기 순 이 익 | 9,300 | | | | |
| 비용및자본형성금계 | 52,000 | | 수 익 계 | 52,000 | |

## 자산처분손익명세서

2011-1-1 부터 2011-10-28

(단위 : 원)

| 전표번호 | 자산구분 | 구입금액 | 처분금액 | 처분익 | 처분손 |
|---|---|---|---|---|---|
| 6 | 토 지 | 10,000 | 13,000 | 3,000 | 0 |
| 13 | 가 전 제 품 | 25,000 | 30,000 | 5,000 | 0 |
| 16 | 기 타 자 산 | 30,000 | 27,000 | 0 | 3,000 |
| 19 | 귀 금 속 | 10,000 | 25,000 | 15,000 | 0 |
| 22 | 토 지 | 50,000 | 40,000 | 0 | 10,000 |
| 합 계 | | 125,000 | 135,000 | 23,000 | 13,000 |

## 자금수지계산서

2011년 1월 1일부터 2011년 12월 31일까지

(단위 : 원)

| 수 입 | | 비 용 | |
|---|---|---|---|
| 계 정 과 목 | 금 액 | 계 정 과 목 | 금 액 |
| 전년도에서 이월 | 67,600 | | |
| 급여상여수입 | 4,000 | 식 품 비 | 400 |
| 토 지 | 53,000 | 교 통 통 신 비 | 2,000 |
| 가 전 제 품 | 30,000 | 교 육 비 | 300 |
| 기 타 자 산 | 27,000 | 경조종교활동비 | 1,100 |
| 귀 금 속 | 25,000 | 문 화 생 활 비 | 600 |
| 사 채 차 입 금 | 1,000 | 정 기 예 금 | 5,000 |
| | | 가 전 제 품 | 25,000 |
| | | 귀 금 속 | 10,000 |
| | | 기 타 자 산 | 30,000 |
| | | 유 가 증 권 | 3,000 |
| | | 다음년도에 이월 | 130,200 |
| 수 입 계 | 207,600 | 지출 및 이월계 | 207,600 |

[저자 약력]
국민대학교 상학과 졸업
신한회계법인 대표 이사
서울신문사 회계고문
행정안전부 회계제도 개선협의회 위원

[자격]
부기검정 1,2급
세무사
공인회계사

[저서]
예산회계와 재무회계


초판 발행 2012년 8월 30일

저   자   조태형
발행자   조연수
발행처   ㈜대양컴퓨터정보

경기도 성남시 분당구 황새울로311번길 14 504
TEL (031)709-6536 / FAX (031)709-9041
http://www.dysoft.co.kr
E-mail taehc1@kornet.net
등록 2003. 10. 2/ 제381-2003-00039호

가격 15,000원

ISBN 978-89-954528-2-0   03320